BEI GRIN MACHT SICH I[...]
WISSEN BEZAHLT

- Wir veröffentlichen Ihre Hausarbeit,
  Bachelor- und Masterarbeit

- Ihr eigenes eBook und Buch -
  weltweit in allen wichtigen Shops

- Verdienen Sie an jedem Verkauf

Jetzt bei www.GRIN.com hochladen
und kostenlos publizieren

Ralf Winter

Alternativen des Internetzugangs

GRIN Verlag

Bibliografische Information der Deutschen Nationalbibliothek:

Die Deutsche Bibliothek verzeichnet diese Publikation in der Deutschen National-
bibliografie; detaillierte bibliografische Daten sind im Internet über http://dnb.d-
nb.de/ abrufbar.

Impressum:

Copyright © 2001 GRIN Verlag GmbH
Druck und Bindung: Books on Demand GmbH, Norderstedt Germany
ISBN: 978-3-656-62467-7

Dieses Buch bei GRIN:

http://www.grin.com/de/e-book/14425/alternativen-des-internetzugangs

GRIN - Your knowledge has value

Der GRIN Verlag publiziert seit 1998 wissenschaftliche Arbeiten von Studenten, Hochschullehrern und anderen Akademikern als eBook und gedrucktes Buch. Die Verlagswebsite www.grin.com ist die ideale Plattform zur Veröffentlichung von Hausarbeiten, Abschlussarbeiten, wissenschaftlichen Aufsätzen, Dissertationen und Fachbüchern.

Besuchen Sie uns im Internet:

http://www.grin.com/

http://www.facebook.com/grincom

http://www.twitter.com/grin_com

Alternativen des Internetzugangs

von

Ralf Winter

Seminar zur Allgemeinen
Betriebswirtschaftslehre
und zur Wirtschaftsinformatik
WS 2000/2001

Electronic Business

Themenblock 3: Grundfragen des Electronic Business aus
betriebswirtschaftlicher Sicht

Alternativen des Internet-Zugangs

1.Einleitung

„To eBusiness or out of business„

Es scheint bereits allgemein anerkannt zu sein, dass die meisten Unternehmen zumindest einen Internet-Zugang benötigen, um in Zukunft konkurrenzfähig bzw. überlebensfähig zu bleiben. Die wichtige Frage, welche der vielfältigen Alternativen des Internet-Zugangs die einzelnen Unternehmen (vom Ein-Mann-Unternehmen bis zum Konzern) zur individuell optimalen Zielerreichung auswählen sollen, ist hingegen nicht nur mit Schlagworten zu beantworten.

Das Thema „Alternativen des Internet-Zugangs„ ist im Kontext mit der Überschrift des Themenblocks 3: „Grundfragen des Electronic Business aus betriebswirtschaftlicher Sicht„ zu sehen. Das bedeutet, dass im Folgenden versucht wird, darzulegen, welche Alternativen sich einem Unternehmen[1], das sich für den „Eintritt„ in das Internet entschieden hat, bieten, um dies ökonomisch sinnvoll zu verwirklichen.

Das Internet (Interconnected Networks) verbindet weltweit Netzwerke einzelner Rechner über Hauptleitungen („Backbones„). Durch diese Verbindung wird es ermöglicht, Datenpakete auf revolutionär schnelle Art und Weise zu transportieren. Die Frage um die es hier nun gehen soll, ist, welche Möglichkeiten es für das Unternehmen X gibt, von seiner Niederlassung aus seinerseits eine Verbindung zu den „Interconnected Networks„ herzustellen.

Wir unterscheiden grundsätzlich drei Alternativen, einen Zugang zum Internet herzustellen: Der Zugang über

-einen Online-Dienst,

-einen Provider (ISP/ASP) oder

-einen direkten Zugang – ohne Zwischenschaltung eines „Dritten„

Electronic Business ist nicht gleich Electronic Business. Ein ganz wesentliches Kriterium zur Auswahl des richtigen Angebots ist deshalb das Ziel, das unser Unternehmen X verfolgt. Dabei sind zwei Arten von Unternehmen zu unterscheiden:

5

Zum einen IT-Dienstleister (z.B. Anbieter von Content-Diensten), bei denen das Internet zentraler Bestandteil der Geschäftsprozesse ist; zum anderen klassische Nutzer des Internet (vom Ein-Mann-Unternehmen bis zum global operierenden Industrie-Konzern), die im Internet ein „Werkzeug„ zur Optimierung ihrer bereits bestehenden Geschäftsprozesse sehen. Beide Arten brauchen einen Zugang zum Internet und für beide gibt es eine große Zahl von unterschiedlichen Angeboten[2].

Internet-Zugang ist im Sinne unseres Themas hier nicht nur rein technisch zu verstehen. Damit wäre ja nur die Möglichkeit gemeint, mit Hilfe der eigenen Systeme mit dem Internet zu kommunizieren. Es ist vielmehr der Zugang zu den unterschiedlichen Diensten im Internet gemeint: die Nutzung dieser Dienste (die von verschiedenen Anbietern bezogen werden können) stellt den Internet-Zugang im weiteren Sinne dar. Zu den Internet-Diensten gehören u. a.: das World Wide Web (WWW), E-mail, News, Telnet, FTP.

Das WWW ist ein „Multimedialorientiertes und hyperlinkbasiertes Informationssystem, das von vielen (...) kommerziellen Anbietern eingesetzt wird und Schnittstellen zu den anderen Diensten hat.„[3]

Am Rande eingegangen wird auf rein technische Details des Internet-Zugangs (z.B. Hardware, Software). Im Vordergrund stehen die betriebswirtschaftlichen Aspekte, nach denen die Auswahl der geeigneten Lösung betrieben wird. Dabei ist vor allem der Kosten-Nutzen-Aspekt, der im Anschluss an die Darstellung der verschiedenen Zugangsalternativen allgemein betrachtet wird, zu nennen.

---

[1] auf Privatnutzer wird nur am Rande eingegangen
[2] Im folgenden wird näher darauf eingegangen
[3] vgl. RRZN S.45

2. Einzelne Alternativen des Internet-Zugangs

Im folgenden wird nun auf die einzelnen Alternativen des Internet-Zugangs näher eingegangen. Allgemein kann gesagt werden, dass - unabhängig vom Geschäftsziel – dem Unternehmen, das einen Zugang benötigt, ein großes Angebot an Lösungen gegenübersteht. Dadurch sind sowohl Preise als auch Leistungen höchst unterschiedlich. Vor allem die ständige Aktualisierung und Korrektur der Angebote macht allgemeine Aussagen zur Alternativenauswahl schwierig.

Eine gründliche Bedarfsanalyse ist bei den Unternehmen daher unerlässlich, um ein „optimales„ Angebot herauszufiltern.

2.1 Internet-Zugang über Online-Dienste

Online-Dienste stellen ihren Kunden Informations- und Kommunikationsangebote auf jeweils einheitlichen Benutzeroberflächen zur Verfügung. Dazu gehören z.B. die aktuellen Nachrichten, Diskussionsforen oder Homebanking, mittlerweile aber auch schon Internet-Shopping (z.B. T-Online). Daneben bieten die Online-Dienste (Kent vergleicht sie mit Privatclubs[4]) den zahlenden Mitgliedern Zugang zu den Diensten des Internets.

Als Online-Dienste wenden sie sich hauptsächlich an Privatnutzer. Durch ihre große Netzwerksausdehnung sind sie aber gleichzeitig als Netzwerk-Provider tätig und versorgen im Großkundengeschäft so u. a. auch Internet Service Provider.[5]

Über das öffentliche Telefonnetz wählt sich der Kunde z.B. per Modem in das Netzwerk des Online-Dienstes ein und bekommt dann bei jeder

---

[4] vgl. Kent, Peter; Das ABC der eigenen Website; S. 55
[5] siehe auch Punkt 2.2.1.1

Sitzung eine (jeweils andere) IP-Adresse[6] nach dem dynamischen Prinzip zugeteilt. Die Online-Dienste sind somit eine Art übergeordnete Instanz und der Kunde nicht eigenständiger Teilnehmer des Internets. Im aktuellen Angebot von T-Online für Geschäftskunden ist eine Subdomain[7] nach dem Muster http://www.meinefirma.via.t-online.de verfügbar, das bedeutet, dass immer erst die Verbindung zu T-Online erfolgen muss.

Die bekanntesten Online-Dienste sind T-Online, AOL und Compuserve.

Zu beachten ist, dass Online-Dienste häufig als Provider (siehe oben) bezeichnet werden, was jedoch nicht zur Gleichstellung mit den im folgenden erläuterten Internet-Service-Providern (ISP) führen sollte.

2.2 Internet-Zugang über Internet-Service-Provider (ISP)

Im Unterschied zu den Online-Diensten erhält man in der Regel bei einem Zugang über einen ISP eine eigene, feste IP-Adresse. Das bedeutet, dass der Kunde als eigenständiger Teilnehmer des Internets angesehen werden kann. Meist wird von den ISP auch das Hosting einer Internet-Präsenz angeboten . Durch die feste IP-Adresse ist der entsprechende Server, auf dem die Präsenz abgelegt ist, direkt durch das Internet erreichbar.

Die Verbindung zu den Einwahlknoten in das Internet wird im allgemeinen über gemietete Leitungen öffentlicher Telekommunikationsunternehmen entweder per Wählleitung (z.B. ISDN) oder per Standleitung hergestellt[8] . Sie stellen also als Grundleistung die Verbindung vom Telefonnetz (bzw. der Standleitung) zum Internet her[9].

Es gibt eine unüberschaubar große Menge von Anbietern, die unter dem Begriff ISP zusammengefasst werden können. Deshalb versuchen wir diese in Kategorien aufzusplitten.

---

[6] IP steht für Internet Protokoll
[7] auf Domains wird später näher eingegangen
[8] vgl. Locher/Lehner S.20

2.2.1 Kategorisierung der ISP

Bei einer so großen Zahl von Anbietern ist eine Kategorisierung nicht eindeutig vorzunehmen. Wir versuchen daher zuerst eine Einteilung nach den Arten der Leistungen, die die ISP erbringen können. Danach folgt eine Einteilung nach der Unternehmensgröße bzw. Geschäftsausdehnung der ISP.

2.2.1.1 Kategorisierung nach Art der Leistung der ISP[10]

Netzwerk-Provider betreiben Netzwerke und stellen diese für den Zugang zum Internet oder auch für firmeneigene Intranets bzw. Extranets (supply chain management) zur Verfügung.

Als oberste Stufe können darunter die nationalen öffentlichen Netzwerkbetreiber eingeordnet werden (z.B. Deutsche Telekom AG). Sie vermieten ihre Hochgeschwindigkeitsleitungen (Backbones) an die nächste Stufe von Netzwerk-Providern, die mit Hilfe ihrer dadurch erstellten Netzwerke wieder die Möglichkeit haben, Teile der Netzbandbreite und ein bestimmtes Datenvolumen an Internet-Zugangs-Provider zu verkaufen.

Internet-Zugangs-Provider (engl.: Internet-Access-Provider) verkaufen dem Endkunden („Nutzer„ oder IT-Dienstleister) wiederum einen Teil der Bandbreite und des Datenvolumens. Sie werden deswegen auch Reseller (Wiederverkäufer) genannt, da sie zum einen Kunde eines Zugangsanbieters (Netzwerk-Provider) und zum anderen gleichzeitig selbst Anbieter des Internet-Zugangs sind. Als Reseller werden auch ISP bezeichnet, die Speicherplatz auf einem Server anbieten, ohne selbst für den Server zuständig zu sein[11] (siehe Webspace-Provider). Es liegt dabei natürlich auf der Hand, dass Netzwerk-Provider meist selbst Zugangs-Provider im oben beschriebenen Sinn sind. Als Beispiel ist hier unter

---

[9] vgl. RRZN S.22
[10] vgl. http://www.netpublish.ch/beratungshilfe
[11] vgl. Kent, Peter; Das ABC der eigenen Website; S. 105-106

anderen sicher der Online-Dienst T-Online als Tochter der Deutschen Telekom AG zu nennen.

Webspace-Provider[12] bieten dem Kunden unabhängig vom reinen Internet-Zugang Speicherplatz für eine Web-Präsenz auf bestimmten Servern und oft die dazugehörigen Dienstleistungen wie z.b. die Erstellung der Websites. Also den in der Einleitung genannten Internet-Zugang im weiteren Sinn unter dem Thema Electronic Business. Die Webspace-Provider sind meist Töchter oder Agenturen größerer ISP, ähnlich wie die oben schon genannten Reseller von Internet-Zugängen.

Content-Provider haben mit dem Internet-Zugang an sich nichts mehr zu tun, sondern sind selbst Kunden der oben genannten ISP, was den reinen Zugang betrifft. Sie bieten Inhalte zu speziellen Themen im World Wide Web an. Als ein interessantes Beispiel ist hier die Gesundheits-Site www.netdoktor.de zu nennen, die als typisches Start-Up als IT-Dienstleister ein Gesundheitsportal betreiben und ihrerseits bestimmte von ihnen erstellte Contents als Informationsinhalt an z.b. Online-Dienste verkaufen.

Vor allem die größeren ISP[13] werden versuchen möglichst umfassende Leistungen für Kunden, die in Electronic Business einsteigen wollen, vom Zugang bis zur Website-Erstellung und -pflege anzubieten. Diese werden dann auch als Full Internet Service Provider (FISP) bezeichnet.[14]

Dem Kunden, der seine Geschäftsprozesse in Richtung Electronic Business umgestalten will, bieten sich so vielfältige Möglichkeiten durch ISP, die entsprechende Dienstleistung auszulagern (klassisches IT-Outsourcing).

---

[12] auch Internet Presence Provider (IPP)
[13] vgl. Beispiel 2.2.3
[14] auf den Trend zum Application Service Providing (ASP) wird gesondert unter 2.3 eingegangen

2.2.1.2 Kategorisierung nach der Größe der ISP

Locher/Lehner unterscheiden die ISP in drei Typen.[15]

Ein **globaler ISP** unterhält ein eigenes internationales Netzwerk mit eigenen Rechenzentren und entsprechend vielen Verbindungen zu anderen Netzen. Ein Beispiel für einen globalen ISP ist UUNet, auf das wir später im Rahmen der Bedarfsanalyse noch zurückkommen werden. Dieser Typ von ISP ist auf Grund seiner infrastrukturellen Voraussetzungen in der Lage alle Marktsegmente mit Internet-Zugängen zu bedienen.

Angebunden an die großen Netzwerke der globalen ISP ist u.a. der **nationale ISP**. Er besitzt lediglich ein nationales Netzwerk mit eigenen Rechenzentren und benötigt zum Internet-Zugang eine Anbindung zu den Netzen der globalen ISP. Beispiel für Deutschland ist die Deutsche Telekom AG, die als früherer Monopolist nach wie vor einen Großteil der nationalen Netze betreibt.

Den dritten Typ von ISP stellen die so genannten **Web-Hoster** dar. Im Unterschied zu den beiden übergeordneten Typen 1 und 2 können sie nicht auf ein eigenes Netz zurückgreifen. Sie brauchen eine Verbindung zu den Netzen z.B. eines nationalen ISP. Natürlich gibt es auch hier wieder Überschneidungen; so kann das Web-Hosting durchaus einen Unternehmensbereich eines globalen ISP ausmachen[16]. Ihre Hauptleistung ist das Hosting von Internetpräsenzen ihrer Kunden auf entsprechenden Servern, die mit dem Internet verbunden sind. Dies kann grundsätzlich auf verschiedene Arten geschehen:

Kleine Kunden können bei ihrem ISP eine **nicht-virtuelle Website** haben. Sie haben also keinen eigenen Domainnamen nach dem Muster http://www.meinefirma.de, sondern sie erscheinen nur als Teil der Website ihres ISP (http://www.ISP.de/meinefirma/). Großer Nachteil ist dabei natürlich, dass durchaus häufig z.B. auf Grund von Preisänderungen einen Providerwechsel durchgeführt werden soll und dann eine neue Adresse angemeldet werden muss, was zu zusätzlichen Kosten führt.

---

[15] vgl. Locher/Lehner S.20 ff
[16] vgl. Beispiel UUNet

Dasselbe Problem kommt zum Tragen, wenn der ISP eine **Subdomain** für den Kunden einrichtet (z.b.: http://meinefirma.ISP.de/). Auch wenn diese Adresse mehr nach einer eigenen aussieht, kann man sie bei einem Providerwechsel nicht „mitnehmen„.

Für kleine und mittlere Kunden besteht die Möglichkeit, Speicherplatz auf einem **virtuellen Server** zu mieten. Das bedeutet, dass man sich mit mehreren Kunden des Hosters den einen Server teilt. Man hat zwar keinen eigenen Server, aber einen eigenen Domainnamen mit fester IP-Adresse, der dem Kunden unabhängig vom ISP zur Verfügung steht (http://www.meinefirma.de). Dies ist einerseits relativ preisgünstig und es fallen keine systembedingten Wartungsarbeiten an, jedoch können andererseits entsprechend häufige Ausfallzeiten wegen der Aufteilung des Systems auf mehrere Kunden diese Vorteile wettmachen. Trotzdem ist diese Art der Lösung für viele Unternehmen zu empfehlen.[17]

Ausserdem kann vom Kunden ein **dedizierter Server** gemietet oder gekauft und in den Räumen des ISP betrieben werden. *Dediziert* bedeutet hier, dass auf dem Server *ausschließlich* Daten des Kunden gespeichert sind. Dies kostet natürlich wesentlich mehr als die oben genannten Alternativen, ist aber bei größeren Unternehmen mit erhöhtem Datenvolumen auch erforderlich. Vorteil hier ist die Wartung und andere Dienstleistungen um den Internet-Zugang, die vom ISP direkt im eigenen Rechenzentrum durchgeführt werden.

Der Server (gekauft oder gemietet) kann auch im eigenen Unternehmen installiert sein. Voraussetzung dafür ist eine Standleitung zum ISP, der dann wiederum die Verbindung zum Internet herstellt.

---

[17] vgl. Kent, Peter; Das ABC der eigenen Website; S. 81 ff

2.2.2 Auswahlkriterien

Im folgenden einige Auswahlkriterien, die bei der Suche nach einem geeigneten ISP beachtet werden sollten.

Geschwindigkeit und Datenvolumen

Es reicht nicht, nur im Internet präsent zu sein. Entscheidend über Erfolg und Misserfolg einer E-Business-Strategie ist die Qualität des Auftritts, und die wiederum hängt eng mit der Geschwindigkeit des Internet-Zugangs zusammen. Je nach Typ des ISP kann die Verbindung zu den Backbones verschieden schnell sein bzw. funktionieren. Dazu sollte im voraus das künftige Datenvolumen ungefähr abgeschätzt werden und eventuell Zukunftsperspektiven des Unternehmens berücksichtigt werden (Ausbau der eBusiness-Aktivitäten).

Zusatzleistungen und Abrechnung

Wichtig ist auch, angebotenen Zusatzleistungen (Domains, E-mail-Dienste, Datenbankanbindung u.a.) mit dem Bedarf des Unternehmens abzustimmen.

Die Abrechnung sollte allgemein über den ISP laufen, also inklusive eventuelle Telefongebühren. Bei der Einwahl über das öffentliche Telefonnetz muss die Einwahl im Ortsnetz möglich sein. Besondere Rolle spielt dabei die Lage der Einwahlknoten des ISP. Auch wenn die Einwahl zum Ortsnetztarif meist möglich ist, so sorgt das teilweise noch immer geltende Ortsnetzmonopol der Deutschen Telekom für vergleichsweise zu teuren Internet-Zugang in Deutschland auf Grund der zeitabhängigen Abrechnung. Erst kürzlich wurde die Deutsche Telekom von der staatlichen Regulierungsbehörde angewiesen, eine Großhandelsflatrate für ISP einzuführen. Dann wären die ISP in der Lage diesen Preisvorteil an die Endkunden ebenfalls in Form einer Flatrate weiterzugeben.[18]

Kündigungsfristen und Sicherheit

---

[18] vgl. http://www.ungetaktet.de

Niedrige Tarife sollten keine längeren Kündigungsfristen nach sich ziehen, da die schon genannte ständige Aktualisierung der Angebote häufige Providerwechsel nach sich ziehen kann. Genauso ist darauf zu achten, dass die Sicherheit des Datentransfers gewährleistet ist. Mögliche Folgekosten übersteigen die vorher eingesparten Gebühren bei weitem.

Service

Ein anderer ernstzunehmender Punkt ist der Support des Providers. Kleinere ISP sind oft nicht rund um die Uhr erreichbar, falls es zu Problemen beim Internet-Zugang kommt. Aber auch die Global Player weisen teilweise Mängel im Service auf: so führte der globale ISP UUNet 1999 eine Auslagerung des Supports für bestimmte Dienstleistungen in ein Call-Center durch[19]. Dadurch war ein direkter Zugriff der Kunden auf das firmeninterne Know-How von UUNet nicht mehr möglich. So ergaben sich Engpässe und längere Wartezeiten. Es sollte also beim ISP eine eigene Support-Abteilung vorhanden sein, auf die auch rund um die Uhr zugegriffen werden kann.

Ein Hinweis auf einen guten Service ist auch die Möglichkeit, vor Vertragsabschluss Transparenz über die Qualität des Supports zu haben. Immer mehr Provider bieten den Abschluss sogenannter Service Level Agreements (SLA) an. Dadurch gewinnt der Kunde auch an Planungssicherheit.

Image

Allgemein ist noch zu erwähnen, dass vor allem bei kleineren oder unbekannten ISP der Kunde sich auf jeden Fall erst ein Bild von diesem Unternehmen machen sollte. Dies kann durch Überprüfen der Homepage des ISP erfolgen. Dort sollte neben einem professionellem Design eine eindeutige, ausführliche und übersichtliche Preisinformation zu finden sein. Ausserdem kann man sich z.B. durch Anrufe beim ISP über technische Voraussetzungen und Zusammensetzung des Personals informieren.

Nicht zuletzt sind auch entsprechende Referenzen (namhafte Großkunden) ein Indikator für einen leistungsfähigen ISP. Genauso kann man sich vor allem als kleines Unternehmen bei anderen Unternehmen

---

[19] vgl. e-commerce magazin Heft 3/00 S. 40

der Region informieren, die schon Erfahrungen mit ISP gemacht haben. Bevor kostspielige Unternehmensberater[20] engagiert werden, bei denen zwar intensive Marketingmaßnahmen zur Gewinnung von eBusiness-Kunden betrieben werden, aber oft noch das entscheidende Know-How fehlt, sollten vor allem kleine und mittelständische Unternehmen eher den direkten Kontakt zum ISP suchen.

2.2.3 Bedarfsanalyse anhand eines Beispiels[21]

Der schon genannte globale ISP UUNet kann als Full Internet Service Provider bezeichnet werden: er hat ein umfassendes Angebot für alle Bereiche des Internet-Zugangs in allen Marktsegmenten.

Wertet man die Bedarfsanalyse, die UUNet auf seiner Site seinen Kunden anbietet, aus, gewinnt man einen guten Überblick über die verschiedenen Möglichkeiten des Internet-Zugangs (via ISP).

Im Angebotsbereich für Geschäftskunden wird als erstes die Unterscheidung in IT-Dienstleister („Reseller„) und Unternehmen, die die Internet-Dienstleistungen für sich in Anspruch nehmen („Nutzer„).[22]

2.2.3.1 Angebot für „Nutzer„

Hier gibt es schon ein spezielles Angebot für die Anbindung eines Arbeitsplatzes. Die nächste Möglichkeit ist die Anbindung eines lokalen Netzwerkes (LAN). Dieses kann bei bis zu 20 PC über Wählverbindung (zeitweise Verbindung) oder bei mehr als 20 PC bzw. mehr als 50 PC über eine Standleitung (permanente Verbindung) erfolgen.

Ausserdem bietet UUNet als Web-Hoster Lösungen für ein Präsenz im Web und eCommerce an. Dies geht von diversen Shared-Server-Lösungen (virtueller Server) über dedizierte Server-Lösungen bis zu eigenen Server-Lösungen.[23]

---

[20] vgl. computerwoche spezial Heft 5/2000 S.54 ff
[21] vgl. http://www.uunet.de
[22] vgl. Einleitung
[23] vgl. auch Punkt 2.2.1.2

15

Bei größeren Unternehmen mit mehreren Niederlassungen sorgt UUNet für sicheren und schnellen Datentransport zwischen unternehmensinternen Netzen (Intra- bzw. Extranet).

2.2.3.2 Angebot für „Reseller„

Das Angebot für „Reseller„ richtet sich einerseits an kleine und mittelständische Unternehmen, die ihrerseits Internet-Dienstleistungen anbieten (z.B. das oben erwähnte Gesundheitsportal als Content-Provider) und dabei die Infrastruktur von UUNet nutzen. Unter diese Gruppe fallen auch Webhoster und kleinere ISP, die über keine eigenen Netze verfügen, aber trotzdem dem Endkunden einen Internet-Zugang anbieten.

Andererseits spricht UUNet in dieser Sparte IT-Fachhändler und Systemhäuser an, die als Kunde bzw. Partner von UUNet dessen Produkte weiterverkaufen. Das sind Kooperationen, die auch in den Bereich Beratung, Softwareentwicklung, Web-Design u.ä. gehen. Dadurch erweitert sich das Leistungsspektrum des großen ISP, wovon natürlich auch der „Nutzer„ (2.2.3.1) profitiert, da er Lösungen aus einer Hand erhält.

Zu beachten ist, dass dies nicht in allen Fällen ein Vorteil sein muss. Ziel muss es sein, die im Preis-/Leistungsvergleich günstigsten Anbieter für die geforderte individuelle Lösung zu finden.

2.3 Application Service Providing (ASP)

2.3.1 Definition und Begriffsverständnis

Application Service Provider sind Unternehmen, die Applikationsfunktionalität, und damit verbundene Dienstleistungen, verschiedenen Kunden über ein Netzwerk anbieten. Beim ASP haben wir also ein Unternehmen, das eine oder mehrere Anwendungen zentral auf einem Server verwaltet. Dem Kunden wird dabei die Möglichkeit geboten, über das Internet oder ein privates Netzwerk auf die gewünschte Anwendung zuzugreifen. Der Nutzer muss die benötigte Software nicht mehr selbst kaufen, einführen und betreuen, sondern mietet sich die gewünschte Anwendung bei einem ASP.

Der Kunde erwirbt auch keine Lizenz mehr, sondern nur das Recht zum nutzen der Software. Die Software selbst gehört dem ASP.

2.3.2 Zuordnung

Die Gruppe der Application Service Provider lässt sich den externen Dienstleistern zuordnen, zu deren Geschäftsfeld schon seit den 60'er Jahren das Ausgliedern von IT-Infrastruktur zählt. ASP ist also eng verwandt mit dem klassischen Outsourcing. Unterschiede sind im wesentlichen das Angebot der Dienstleistungen über das Internet und der Standardisierungsgrad der angebotenen Lösungen. Man kann also sagen, ASP ist eine Spezialform einer Outsourcingbeziehung.

2.3.3 Anbindung an einen ASP

Es gibt drei Möglichkeiten sich an einen ASP anzubinden:
1. Direktanbindung
2. Remote Dial In
3. Verbindung über das Internet

2.3.3.1 Direktanbindung

Bei einer Direktanbindung besteht zwischen dem Data Center des ASP und den Rechnern des Kunden eine eigens dafür geschaltete Leitung. Diese Art der Verbindung gewährleistet höchste Sicherheit und Zuverlässigkeit, da sie als Point-to-Point Verbindung keine Angriffe von aussen zulässt und die Leitung auch nicht von anderen beansprucht wird. Die Bandbreite, die bis zu 155 Mbit/s reichen kann, kann der Nutzer je nach Bedürfnissen auswählen, wobei hier gilt, je höher, desto teurer.

2.3.3.2 Remote Dial In

Diese Einwahl ist die mobile Variante der Direktanbindung, mit ähnlicher Sicherheit und Zuverlässigkeit wie Standleitungen. Kunden können durch anwählen lokaler Rufnummern oder bundesweiter Servicenummern (z.B. 0800 bzw. 019...) mit Rechenzentren Verbindungen über Modem (analog und ISDN) oder GSM-Netz (zu-künftig GPRS und UMTS) aufbauen.

2.3.3.3 Verbindung über das Internet

Zugänge über das Internet ermöglichen ASP-Kunden einen weltweiten Zugriff auf ihre Daten zum Ortstarif. Allerdings sind hierbei zusätzliche Sicherheitsvorkehrungen notwendig: Da das Internet aufgrund seines Aufbaus viele Möglichkeiten der Datenspionage oder von Hackerangriffen zulässt, sollte man Internetverbindungen nur über sichere Virtual Private Network-Strecken (VPNs) und IP-Sec-Lösungen einrichten. Dabei installiert man auf den mobilen Clients spezielle Sicherheitssoftware, welche mit ihrem Gegenstück (in der Regel eine Firewall) einen sicheren „Tunnel„ durch das Internet auf-baut. In diesem Tunnel tauschen die beiden Endstellen Daten verschlüsselt aus, um den Datenverkehr vor unerlaubtem Zugriff Dritter zu schützen.

Globaler Zugriff zum Ortstarif bietet Kunden allerdings nur einge-schränkte Zuverlässigkeit. Das Internet kann - muss aber nicht - die geforderte Bandbreite zum Zeitpunkt X bieten. Vor allem zu Stoss-zeiten kann es schwierig werden, vernünftig mit Anwendungen zu arbeiten.

Daher können Anwendungsdienstleister ihren Kunden bei dieser Zugangsart in der Regel keine Dienstgütevereinbarungen (Service Level Agreements) für das Netz anbieten.

Datensicherheit ist in diesem Punkt sehr wichtig, da es sich oft um geheime oder persönliche Daten handelt, z.B. wenn Personalverwal-tungs- oder Projektmanagementsoftware genutzt wird.

2.3.4 Aufgabenumfang eines ASP

Die Aufgaben eines ASP erstrecken sich ziemlich weitläufig, da der ASP gegenüber dem Kunden als Generalunternehmer auftritt. Das heisst, er bietet dem Nutzer ein komplettes Dienstleistungspaket an, auch wenn er nicht alle Funktionen abdecken kann und diese durch Kooperationen mit spezialisierten Unternehmen in sein Portfolio auf-nehmen muss. Nachfolgend sollen die wichtigsten Punkte genannt werden, die für eine zuverlässige Bereitstellung von Anwendungen notwendig sind:

1. Infrastruktur
2. Applikationsmanagement
3. Rechenzentrum
4. Professionelles Datenmanagement
5. End Services

2.3.4.1 Infrastruktur

Die Qualität des Netzes ist ausschlaggebend dafür, ob das ASP-Modell überhaupt Erfolg haben kann. Zu einer gut funktionierenden Infrastruktur gehören eine gute Verbindung, hohe Verfügbarkeit und eine ausreichende Bandbreite. Im Endeffekt müssen angebotene An-wendungen in ähnlicher Geschwindigkeit ablaufen, wie bei einer lokalen Installation, um als Kunde beim Umstieg auf eine ASP-Lösung keine Nachteile zu haben.

2.3.4.2 Applikationsmanagement

Ein ASP muss in der Lage sein Applikationsportfolios zu bilden, durch die es ihm möglich ist, möglichst viele Kunden anzusprechen. Für eine gute

Auswahl an Anwendungen ist viel Know-how über den Markt notwendig und für die Wartung der Applikationen gut geschultes Personal. Dieses Personal muss es auch ermöglichen können, die Anwendungen an individuelle Gegebenheiten eines Unternehmens anpassen zu können.

2.3.4.3 Rechenzentrum

Zum Betrieb eines Rechenzentrums gehört nicht nur die Aufstellung und Inbetriebnahme von Hardware, sondern auch der optimale Be-trieb der installierten Software, die es ermöglicht auch unerwartet hohe Zugriffszahlen zu verarbeiten.

2.3.4.4 Professionelles Datenmanagement

Der Zugang der Kunden zu den Informationen muss sicher (im Sinne der „Datensicherheit„) und zuverlässig (Dienstgüte, Quality of Services) sein. Eine aktuelle Studie[24] hat ergeben, dass für 83% der Unternehmer der Sicherheitsaspekt das entscheidende Kriterium für einen Umstieg auf ASP ist.

2.3.4.5 End Services

Dazu gehören:
- Beratung
- Integration
- Customizing
- Service und Support

Die allerwenigsten ASP-Firmen können alle Punkte in sich vereinen, da man hier von Anfang an, in einer jungen Branche, ein sehr grosses Unternehmen benötigen würde. Die ASP´s konzentrieren sich daher auf einen oder mehrere Punkte und versuchen fehlende Elemente über Kooperationen mit anderen Unternehmen abzudecken. Somit kann man

---

[24] FORIT GMBH 2000

ein möglichst grosses Geschäftsfeld einnehmen und gegen die spezialisierte Konkurrenz bestehen.

2.3.5 Branchen, aus denen ASP´s hervorgehen

2.3.5.1 ISP (Internet Service Providing)

ISP´s können von ihren bestehenden Kundenbeziehungen profitieren. Es wird wichtig sein schon jetzt Mehrwertdienstleistungen anzubieten, um für die Zukunft gerüstet zu sein, die durch immer weiter fallende Preise für die reine Bereitstellung von Übertragungskapazitäten gekennzeichnet sein wird. Ein grosser Vorteil der ISP´s ist das bestehende Know-how über Bandbreite und Website Hosting, sowie das existierende Kundenvertrauen für die schon betriebenen Out-sourcingservices.

2.3.5.2 ISV (Independant Software Vendors=Softwarehersteller)

Softwareunternehmen müssen das ASP-Modell aggressiv annehmen – obwohl sie eine gewisse Gefahr laufen, ihre Lizenzgebühren bzw. Beratungsleistungen zu kannibalisieren. Allerdings wird diese Kannibalisierung so oder so stattfinden – und bei einer frühen Teilnahme am ASP-Modell, können Softwareanbieter ihren Anteil an diesem wachsenden Markt sichern und neue Kompetenzen aufbauen.
Über geschickte Kooperationen mit Telekommunikationsunter-nehmen und/oder ISP´s können ISV´s durch die dadurch gewonnenen Zugangsmöglichkeiten einen merklichen Anteil am ASP-Markt einnehmen.

2.3.5.3 Telekommunikationsunternehmen

Telco´s haben eine ähnliche Ausgangssituation wie die ISP´s. Zusätzlich verfügen sie noch über ein eigenes Backbone sowie möglicherweise ein eigenes Zugangsnetz. Damit können sie den Kunden entsprechend nahtlose ASP-Angebote unterbreiten, die Anwendung, Hosting und Übertragung in einem massgeschneiderten Paket anbieten.

2.3.5.4 Pure ASP

Dies sind die eigentlichen ASP´s, die als Dienstleistung die Anwendungsfunktionalität zur Verfügung stellen. Es sind meist Start-up-Unternehmen oder Softwarehersteller, die für die Infrastruktur Kooperationen mit anderen Firmen eingehen.

2.3.6 Anwendungen für ASP

Um auf diesen Punkt eingehen zu können muss man einen Blick auf die USA werfen, da in Deutschland nur 5% der Unternehmen überhaupt Anwendungen ausgliedern (USA: 75%) und auch das Angebot in etwa zwei Jahre hinterherhinkt.

In den USA gibt es laut einer Studie[25] vier führende Typen von ausgelagerten Anwendungen: Workgroup-Anwendungen, Anwendungen für Aus- und Weiterbildung, Buchhaltungsapplikationen und E-Commerce-Anwendungen.

Es ist hier zu vermerken, dass es sich dabei eher um wenig komplexe, einfachere Anwendungen handelt. Typische komplexe und extrem teure Anwendungen wie ERP-Programme (=Enterprise Resource Planning; z.B. SAP/R3) oder Supply-Chain-Management-Software liegen dagegen ganz hinten. Zu vermuten ist, dass Unternehmen die Auslagerung erst mal mit relativ standardisierten Anwendungen erproben.

---

[25] Forit-ASP-Studie; Forit GmbH, Frankfurt a.M. 2000

2.3.7 Vorteile, Risiken und Kriterien für ASP-Kunden

ASP soll die immer komplexer werdenden Aufgaben der Datenverarbeitung eines Unternehmens übernehmen. Dabei soll es einen besseren Service zu einem günstigeren Preis anbieten als es das Unternehmen selbst bewerkstelligen könnte. Wenn das Unternehmen bei der Vorbereitung und der Auswahl der Serviceanbieter bestimmte Punkte beachtet, kann das ASP-Modell einen großen Vorteil für das Unternehmen darstellen. Ansonsten kann ASP schnell zu einem Alptraum werden.[26]

2.3.7.1 Vorteile

Über das ASP-Modell erhält der Kunde seine Software komplett, inklusiv neuester Software, Hardware, Netzwerkverbindungen und Serviceleistungen sozusagen "aus der Steckdose" geliefert. Hauptsächlich mittelständische Unternehmen können durch die Verwendung von ASP ihre Wettbewerbsfähigkeit erhöhen. Die Erfolgsfaktoren durch ASP lassen sich in Kostenvorteile und strategische Vorteile aufteilen.

Kostenvorteile:
Beim ASP-Modell handelt es sich um ein One-to-many-User-modell, über das die Kosten für die Beschaffung und den Betrieb von betriebswirtschaftlichen Lösungen nutzungsabhängig auf mehrere Kunden verteilt wird. Gleichzeitig kann er bis zu 50% Kosten einsparen gegenüber dem klassischen Inhouse-Betrieb von EDV-Leistungen.[27] Zu dieser enormen Kostenentlastung tragen unter anderem die Einsparungen bei Lizenzgebühren, Personal und Hardwareausstattung bei. Außerdem erspart sich das Unternehmen die eigene Implementierung eines derartigen Systems. Gleichzeitig wird auch der Service verbessert.[28] Es können auch zu hohe Anfangsinvestitionen vermieden werden. Dieses freiwerdende Kapital kann anderweitig gewinnbringend eingesetzt werden.

---

[26] Dick, Andreas: Rundum-Sorglos-Packet oder Alptraum auf Raten? In: ASP-Magazin, S. 41
[27] www.apeldorn.de/Deutsch/reports_d.html

Außerdem ermöglicht diese Lösung den Unternehmen eine bessere Kostenkontrolle.[29] Die Investitionsplanung eines Unternehmens wird transparenter, da unverhoffte Anschaffungskosten auf ein Minimum reduziert werden können.[30]

Strategische Vorteile:

Durch den Einsatz einer ASP-Lösung kann sich der Kunde voll auf sein Kerngeschäft konzentrieren und erfüllt gleichzeitig die Voraussetzungen, um erfolgreich im Wettbewerb bestehen zu können. Dem ASP-Kunden stehen außerdem immer die besten und aktuellsten Softwarelösungen zur Verfügung, d.h. er befindet sich immer auf dem neuesten Stand.

Die IT-Infrastruktur ist relativ einfach skalierbar, sodass das Wachstum des eigenen Unternehmens kein Hindernis darstellt. Somit ist eine einfache Erweiterbarkeit und Skalierbarkeit gewährleistet. Da die Applikationen über das Internet abgerufen werden können, besitzt der Anwender weltweit einen Zugriff und nicht nur von seinem Arbeitsplatz aus, wodurch er wesentlich flexibler wird.[31]

Es gibt auch weniger Administrationsschwierigkeiten, da die Verantwortungen klar definiert sind. Außerdem können bereits getätigte Investitionen in ältere Computersysteme übernommen werden, da die ASP Server diese integrieren können.[32]

2.3.7.2 Hauptrisiken

Den Vorteilen des ASP-Modells stehen aber auch eine Reihe von Risiken gegenüber. Nachfolgend seien einige Hauptrisiken genannt, die sich für den Kunden ergeben können:

- Abhängigkeiten von dem ASP-Dienstleister: Die Kontrolle über wichtige Funktionen des Unternehmens können die Unternehmen nicht mehr selbst übernehmen. Es entsteht dadurch eine Abhängigkeit von der wirtschaftlichen Stabilität und von der Qualität des Services

---

[28] Kuhn, Dieter: Soft- und Hardwarepflege als Dienstleistung. In: MM Das Industriemagazin, S.73
[29] www.asp-information.de/faqs.html
[30] www.electronic-commerce.org/technik/asp.html
[31] www.electronic-commerce.org/tchnik/asp.html

des ASP.

- Verlust von Know-how im Unternehmen: Die Verwaltung und Entwicklung von IT-Lösungen wird an kompetente Fachleute des ASP abgegeben. Diese Auslagerung an einen ASP ist deshalb nur schwer rückgängig zu machen.

- Schutz der Daten: Die Unternehmensdaten werden an einen ASP weiter-gegeben und somit erhöht sich die Personenzahl, die Zugang zu unternehmensinternen Daten hat. Dadurch steigt auch die Gefahr des Datenmißbrauchs.

- Erhöhung der Kosten: Es besteht auch die Gefahr einer Kostenerhöhung oder sogar einer Kostenexplosion durch ASP. Mögliche Gründe dafür sind Gebührenerhöhung durch den ASP, zu hohe Preise durch überdimensionierte Lösungen, die Überschätzung der Einsparungen durch die Verwendung von ASP, schrittweise Ergänzung des ursprünglichen Angebotes durch zusätzliche Serviceleistungen. Die Kosten für einen ASP können im Extremfall auch die Kosten für eine Inhouse-Nutzung übersteigen.[33]

Diese Risiken müssen gegenüber den Vorteilen abgewägt werden, denn für manche Anwendungen ist es auch vorteilhafter, diese firmenintern durchzuführen. Dabei ist es dem Kunden möglich die Höhe des Risikos in hohem Maße zu beeinflussen.

2.3.7.3 Entscheidungskriterien für oder gegen ASP

Das Risiko steigt erheblich an, wenn für einen Servicevertrag mit einem ASP die Entscheidung aus einem aktuellen Problemdruck getroffen wird. Es gibt einige Faktoren, die bei der Entscheidung für oder gegen den Einsatz eines ASPs eine Rolle spielen:
Die unternehmensinternen Prozesse und die spezifischen Anforderungen des Unternehmens etwa bezogen auf die Datensicherheit und die Systemverfügbarkeit müssen genau bekannt sein. Schwachstellen in der

---

[32] www.allaboutasp.org
[33] Dick, Andreas: Rundum-Sorglos-Packet oder Alptraum auf Raten? In: ASP-Magazin, S. 41/42

bestehenden Organisation müssen aufgedeckt werden und der Bereich muß festgelegt werden, für den ein ASP-Service in Frage kommt. Auch zukünftig geplante IT-Strategien des Unternehmens müssen berücksichtigt werden. Auf dieser Basis lassen sich eindeutige Kriterien für die Bewertung und Auswahl von ASP-Dienstleistern erstellen. Die Anforderungen an die Planung und Ausführung des ASP-Projektes steigen grundsätzlich mit der Komplexität gewünschter Applikationen.

Ein wesentlicher Entscheidungsfaktor für oder gegen einen ASP ist die Ermittlung der TCOs (Total Costs of Ownership) für den Inhouse-Betrieb im Vergleich zu einem ASP-Service. Dazu zählen auch die Kosten für Softwarelizenzen, Hard-ware, Personal ebenso wie Schulungen, aber auch Kosten für den zusätzlichen Koordinationsaufwand zwischen dem Unternehmen und dem ASP-Dienstleister.[34]

Es muss dabei auch überlegt werden welche Funktionalitäten benötigt werden und wie schnell diese zur Verfügung stehen müssen. Komplexe Anwendungen wie z.B. E-Commerce-Lösungen versprechen dem Unternehmen einen großen Nutzen. Wenn ein Unternehmen diese Lösung eigenständig einführt, kann das sehr lange dauern und zu hohen Kosten führen. Ein ASP könnte eine schnellere Implementierung liefern.[35]

Besonders für kleine, neue Startup-Firmen ist es von Bedeutung ein geringes Risiko zu haben und geringe Vorabinvestitionen leisten zu müssen. Mit Hilfe des ASP-Dienstleisters müssen sie keine größeren Mengen Geld aufbringen, um ein eigenes Rechenzentrum einrichten zu müssen, da pro Monat und Benutzer abgerechnet wird.[36]

2.3.8 Abrechnungssysteme

2.3.8.1 Kostenbestandteile für ASPs

Da es sich bei ASP-Angeboten um einen neuen Markt handelt, existiert noch kein festes Preissystem, sondern es etablieren sich zur Zeit die

---

[34] Dick, Andreas: Rundum-Sorglos-Packet oder Alptraum auf Raten? In: ASP-Magazin, S. 42
[35] www.sapinfo.net/gotospider/ARTIKEL/stra/2252DE/

26

unterschiedlichsten Modelle. In der Regel erfolgt die Bezahlung der Applikationen entweder durch die Abrechnung der in Anspruch genommenen Applikationsservice nach Trans-aktionen oder es wird eine monatliche Gebühr je Nutzer entrichtet.[37]

ASPs fassen ihre vielfältigen Leistungen, oft zusammen mit Partnern, zu Gesamt-dienstangeboten zusammen. Ein ASP bietet seinen Kunden beispielsweise folgende Leistungen an:

- Hardware
- Software und die dazugehörigen Lizenzen
- Sichere Netzanbindung
- Dienstleistungen auf Basis von Service Level Agreements (SLA), d.h. Leistungsvereinbarungen zur Gewährleistung des Betriebs
- Call Center für Helpdesk.

ASP-Dienstleister stellen in ihren Rechenzentren und beim Kunden Hardware (Server, Thin Clients, Drucker,...) zur Verfügung und müssen diese auch abrechnen. Diese Systeme müssen auch überwacht und gewartet werden. Für diese Kosten müssen die Kunden auch anteilig aufkommen.

Es können z.B. variabel der beanspruchte Speicherplatz, Prozessor-Leistung und Dienstleistungen berechnet werden. Es besteht aber auch die Möglichkeit, dass die ASPs z.B. die fixen Nutzungsgebühren für die Bereitstellung und die regelmäßige Nutzung der Hardware anteilig erfassen.

Auch die Sprachkommunikation wird von den ASPs beispielsweise durch automatische Anrufverteilung, Fax, Videokonferenzen, virtuellen Call-Centern und Telefonie über IP-Netze unterstützt. Bei der traditionellen Sprach-kommunikation werden der Verbindungsaufbau und die Verbindungsdauer der zur Verfügung gestellten Leistungskapazitäten erfasst.

Für alle Daten und Dienste, die IP-basierte Netze als Transportmedium nutzen, können folgende Abrechnungskriterien interessant sein: Anzahl

---

[36] www.sapinfo.net/gotospider/ARTIKEL/stra/2252DE/
[37] www.electronic-commerce.org/technik/asp.html

der Anwahl-vorgänge, Dauer der Verbindungen, Menge der übertragenen Daten, Dauer des Datentransports.

Auch die Kosten der Softwarelizenzen werden anteilig auf die Kunden verteilt, die die Software nutzen. Teilweise nutzen die Kunden Software aufgrund expliziter Service Level Agreements. Diese Leistungsvereinbarung kann für die Kunden zwei Komponenten enthalten:

- Die Anzahl der User, die effektiv auf die Software zugreifen, und die einen variablen Kostenbetrag erzeugen.
- Die Höhe der Nutzungsgebühr ist ein fixer Grundbetrag, der sich aus mehreren Bestandteilen ergibt. Der ASP erfasst den Zeitraum, der für die Nutzung der Software eingeplant wird. Ausserdem sind die Gebühren von den Abschreibungen für diesen Zeitraum und den Benutzerzahlen, die eingeplant werden, abhängig.[38]

Der rechtlich bindende Vertrag zwischen dem Dienstleister und dem Kunden enthält die Leistungsvereinbarungen (Service Level Agreements), welche den Grad und die Qualität der Dienstleistung angeben. Diese Leistungsvereinbarungen können unter anderem Beratung, Projektmanagement, Systemanpassung, Zusammenarbeit mit anderen Applikationen, Servicehotline oder Verfügbarkeit von Anwendungen innerhalb bestimmter Zeiträume umfassen. Im extremsten Fall kann es auch eine Verfügbarkeit von 99,999% an 24 Stunden täglich an sieben Tage der Woche bedeuten. Die ASP-Kunden möchten die Rechnungen der bezogenen Leistungen auch leicht nachvollziehen können, um sie mit anderen Angeboten auf dem Markt vergleichen zu können. Eine detaillierte Rechnung erleichtert es auch dem Unternehmen die fixen und variablen Kosten den entsprechenden Kostenstellen zuzuordnen.

2.3.8.2 Ziele von Billing-Systemen

Durch ein Billing-System können ASP-Kunden ihre Kosten jederzeit kontrollieren und bis auf die Verursacher zurückverfolgen. Die anfallenden Daten werden mit flexiblen Tarifen bewertet und in der Abrechnung wird dem Kunden aufgeführt welche Leistungen dieser in welcher Qualität und

---

[38] Bode, Christoph: Grundlagen des ASP-Billing, In ASP-Magazin, S. 83

Menge in Anspruch genommen hat. Es besteht auch die Möglichkeit jederzeit sein Konto per Browser abzufragen und sich über die bereits erhaltenen Anwendungsdienste und deren Kosten zu informieren. Für den Kunden ist es wichtig, dass alle Leistungen detailgenau aufgeführt sind und er somit die Rechnungen leicht nachvollziehen kann. [39]

Bisher gibt es für die Abrechnungen noch kein festes Konzept und nur wenige Lösungswege. Deshalb ist es für ein Unternehmen besonders wichtig haupt-sächlich junge, kleine ASP-Anbieter darauf zu prüfen, ob sie Billing-Systeme einsetzen, die den Kundenanforderungen gerecht werden und auch mit dem Fortschritt der Technologie Schritt halten.

2.3.8.3 Preisbeispiele

Auf der Suche nach den Kosten der Angebote der ASP-Dienstleister war auf den Seiten des Internets wenig zu finden. Die ASPs wollen ihre Preise wohl nicht gerne veröffentlichen. Das liegt wahrscheinlich daran, dass sie jedem Kunden ein individuelles Preisangebot offerieren. Aus einer anderen Quelle kann man dann aber doch etwas über die Preise erfahren. Die Firma Usinternetworking (USi) hat einen Kostenvergleich zwischen der traditionellen Anwendungseinführung und dem Fremdbetrieb aufgestellt, welcher in der nachfolgenden Tabelle gezeigt wird.

	Traditinelle Implementation	Fremdbetriebener Service von Usi
Anfangskosten		
Lizenzverträge	180.000 US$	Inklusive
Hardware	50.000 US$	Inklusive
Einführung	480.000 US$	Inklusive
Anfangskosten total	710.000 US$	Keine

---

[39] Bode, Christoph: Grundlagen des ASP-Billing, In: ASP-Magazin, S. 83/84

Monatliche Kosten

Applikationspflege	3.000 US$	Inklusive
Disaster Recovery	4.000 US$	Inklusive
Übertragungskosten	2.000 US$	Inklusive
Betriebskosten	17.000 US$	Inklusive
Monatliche Kosten total	**26.000 US$**	**36.000 US$**

Wenn man die monatlichen Kosten miteinander vergleicht scheint die traditionelle Methode günstiger zu sein. Aber die USi-Kunden erzielen durch die wegfallenden anfänglichen Anschaffungs- · und Installationskosten sehr hohe Einsparungen. Zielkunden von USi sind mittelständische und große Unternehmen, welchen ein spezielles Angebot komplexer Anwendungen angeboten wird.

Ein weiteres Beispiel für die Wirtschaftlichkeit des ASP-Modells ist das Angebot von Usinternetworking für den Betrieb von Microsoft Exchange. USi übernimmt die Verwaltung und Administration aller Microsoft Exchange Produkte und Services durch von Microsoft zertifizierte IT-Mitarbeiter. Dieser Serviceangebot gilt 365 Tage im Jahr, 7 Tage die Woche, zu jeder Tageszeit. Der ausgelagerte E-Mail Service kostet bei USi monatlich 25 US-Dollar pro Arbeitsplatz bei Abschluss eines 3-Jahres Vertrages. Durch die Service Level Agreements wird eine Verfügbarkeit von 99,5% zugesichert.

Eine Firma müsste für 300 Exchange-Arbeitsplätze monatlich 7500 US-Dollar an USi bezahlen. Dieser Betrag übersteigt natürlich die Basiskosten für einen Microsoft Exchange Server. Der Vorteil für den Kunden liegt aber darin, dass End-Nutzer Support und Fehlerbeseitigungsmaßnahmen im Vertrag enthalten sind. Man schätzt, dass eine Betreuung von MS Exchange durch firmeninterne IT-Mitarbeiter 50 bis 60 US-Dollar pro Arbeitsplatz im Monat kosten würde. Dadurch wird das Angebot von USi rentabel. Durch eine Zusammenarbeit mit dem ASP-Anbieter profitiert der

Kunde nicht nur von den Kosteneinsparungen sondern auch von den hohen Sicherheitsstandards.

Wenn man die gesamten Aufwendungen einer Firma für den IT-Bereich betrachtet, machen davon nur ungefähr 20% die Kosten für Softwarelizenzen, Hardware und Infrastruktur aus. Die restlichen 80% sind Kosten für Software-Management und Administration. [40]

2.3.9 Sicherheitskonzepte der ASP-Modelle

Eine der wichtigsten Voraussetzung für den Erfolg eines ASP-Anbieters ist die offene und für den Kunden transparente Darlegung seines Sicherheitskonzeptes. Neben der eigentlichen Datensicherung beim ASP gehört auch das Verschlüsseln von Daten, das Managen der Passworte und Zertifikate, Firewall-Konzepte und Schulungen der Anwender. [41]

Betriebssicherheit

Von den Anwendungs-Dienstleistern muss sichergestellt werden, dass die Kunden zu jeder Zeit auf ihre Daten und Programme zugreifen können. Es sollte z.B. vom Kunden eine in den Service Level Agreements zugesicherte Verfügbarkeit von unter 99% pro Monat nicht akzeptiert werden, denn das bedeutet, dass es im schlimmsten Fall zu einem Ausfall von sieben Stunden am Stück pro Monat kommen kann. Ein ASP-Kunde sollte sich erkundigen ob ein ASP mit einem eigenen Rechenzentrum arbeitet und welche Konzepte es in Bezug auf Ausfallsicherheit und Verfügbarkeit verfolgt. Auch die physikalische Gebäudesicherheit spielt eine nicht unbedeutende Rolle. Eine permanente Videoüberwachung und Zugangskontrollen zum Rechenzentrum sollten dabei selbstverständlich sein.

Zugangsberechtigung

Einen wichtigen Punkt der Sicherheit bilden auch die Zugangsregelungen oder die Autorisierungsabläufe. ASPs müssen vertrauliche Daten,

---

[40] FORIT, Internet Business Research: Application Service Providing - Software über das Internet, S. 20-22

Informationsressourcen und kritische Betriebsapplikationen vor unerlaubtem Zugang schützen. Dafür gibt es die klassischen Sicherungsmaßnahmen wie Verschlüsselung, Firewall und VPN. Es spielt dabei keine Rolle welche Zugriffsmöglichkeiten die Kunden wählen, ob über einen beliebigen Internet Service-Provider, über ISDN-Standleitungen oder DSL-Technologien. Diese Sicherheitsmaßnahmen dürfen jedoch den Datenaustausch nicht unzumutbar behindern.

Verschlüsselung

Fast alle Lösungen bauen grundsätzlich auf symmetrischen oder asymmetrischen Verschlüsselungsverfahren auf. Theoretisch ist ein Verschlüsselungsverfahren aber dadurch zu knacken, dass man alle möglichen Schlüssel durchtestet. Dies will man aber in der Praxis dadurch verhindern, dass man die Länge des Schlüssels (ausgedrückt in Bit) ausreichend groß wählt. Bei asymmetrischen Verfahren verwendet man einen öffentlichen Schlüssel zum Verschlüsseln durch den Sender und einen privaten Schlüssel zum Entschlüsseln beim Empfänger. Bei symmetrischen Verfahren gibt es einen geheimen Schlüssel zum Ver- und Entschlüsseln.[42]

VPN

Durch Virtual Private Networks (VPN) wird eine sichere private Nutzung öffentlicher Kommunikationswege für die Datenübertragung ermöglicht. Die Daten werden vor dem Weg durch das Internet verschlüsselt und am Ende wieder entschlüsselt. Es entsteht dabei eine Art privater Tunnel über das Internet, durch den die Daten geschützt transferiert werden können.[43]

Firewall

Durch eine Firewall wird das Risiko unberechtigter Zugriffe minimiert. Es wird quasi ein Schutzschild zwischen den internen Netzwerken das ASPs und externen Netzwerken gebildet. Die Firewalls müssen so konfiguriert werden, dass Kunden auf ihre eigenen Daten und Anwendungen

---

[41] Jäger, Peter / Hönig, Jürgen: Sicherheit kritisch betrachtet, In: ASP-Magazin, S. 45
[42] Jäger, Peter / Hönig, Jürgen: Sicherheit kritisch betrachtet.In: ASP-Magazin, S. 45/46
[43] www.iok.net/produkte_u...ces/internet_services/vpn.html

zugreifen können, es anderen Kunden aber nicht möglich ist.

Authentifizierung
Die bereits vorgestellten Sicherheitslösungen - Verschlüsselung, VPN und Firewall - ermöglichen für sich alleine keinen absoluten Schutz der Daten und beinhalten deshalb zusätzliche Authentifizierungen. Diese erfolgt durch den Anwender durch den Benutzername und das Passwort.

Normalerweise bieten ASPs einen kompletten Service, den sie in Form der Service Level Agreements zusichern. In diesen SLAs sollten auch die Sicher-heitslösungen garantiert werden. Diese Sicherheitsstandards müssen von den ASP-Anbietern ständig weiterentwickelt und verbessert werden, um den Kunden ein optimiertes Sicherheitskonzept bieten zu können. [44]

---

[44]Jäger, Peter / Hönig, Jürgen: Sicherheit kritisch betrachtet. In: ASP-Magazin, S. 46/47

2.3.10 Beispiele für mittelständische ASP-Kunden

ASP-Kunden haben die unterschiedlichsten Bedürfnisse und sind in den verschiedensten Bereichen tätig. Doch immer mehr erkennen dass es Vorteile für die Wirtschaftlichkeit ihrer Firma bringt, wenn sie eine ASP-Lösung einsetzen. Im Folgenden sollen einige Firmen genannt werden, die sich für die Zusammenarbeit mit einem ASP-Anbieter entschieden haben und welche Erfahrungen sie dabei gemacht haben.

Die Firma Cargoscan (www.cargoscan.com) aus Norwegen war eine der allersten Kunden des ASP-Anbieters Telecomputing (www.telecomputing.net). Der Entwicklungsfirma für technische Waagen ging es vor zwei Jahren darum, die Probleme mit dem hauseigenen IT loszuwerden. Die Firma beschäftigte 24 Mitarbeiter aber keinen davon als Systemverwalter. Die Firma hatte mit ständigen Abstürzen der Windows-Server und des Mail-Systems zu kämpfen. Im September 1998 hat Cargoscan einen drei-Jahres-Vertrag mit dem ASP Telecomputing abgeschlossen und die komplette Büro-kommunikation übergeben. Bei einem Vergleich eines Kaufangebots für ein Inhouse-System und mit dem Telecomputing-Angebot erwies sich die ASP-Lösung als wesentlich attraktiver. Cargoscan bezahlt nun für 8 Büroarbeitsplätze einen festen Betrag und einen Aufschlag für sog. Teleworker, die auch von zuhause auf das System zugreifen können. Die Firma ist mit ihrer Entscheidung zufrieden, besonders wegen der Geschwindigkeit und der Stabilität der jetzigen Lösung.[45]

Auch viele Redaktionen werden sich in Zukunft für ein ASP-basiertes Redaktionssystem entscheiden. Dadurch wird ihnen die Möglichkeit geboten unabhängig vom Arbeitsort gemeinsam zu arbeiten. Alle Redaktionsstandorte können somit mit dem gleichen Datenbestand arbeiten ohne das ein Abstimmungsaufwand notwendig ist.[46]

---

[45] Kretschmer, Viktoria: ASP takes off: In: ASP-Magazin, S. 21/22
[46] Kretschmer, Viktoria: ASP takes off. In: ASP-Magazin, S. 22

2.3.11 Marktentwicklung

Nach Meinung zahlreicher Experten gehört dem Vermieten von Software die Zukunft. Im letzten Jahr wurden auf dem ASP-Markt 1 Milliarde Dollar umgesetzt. Die Marktanalysten der Gartner Group gehen davon aus, dass in diesem Jahr noch 3,6 Milliarden Dollar weltweit für Application Service Providing ausgegeben wird. Im Jahr 2004 sollen auf der ganzen Welt 25,3 Milliarden Dollar in die ASP-Lösung investiert werden. Es scheint, dass es sich um ein sehr lukratives Geschäft handelt. Dabei darf man nicht vergessen, dass ASP mit sehr hohen Startinvestitionen verbunden ist. Gartner Group geht davon aus, dass bis zum Ende des nächsten Jahres 60% der momentan am Markt befindlichen ASPs scheitern und nur 4% der heute agierenden Unternehmen werden sich auch noch 2004 auf dem Markt behaupten können.

Nach einer Studie der Unternehmensberatung Mummert + Partner ist für viele europäische Unternehmen das ASP derzeit noch kein Thema. Dies hat auch zur Folge, dass ein Großteil der ASP-Anbieter am Markt nicht bestehen können.

In den USA investieren bereits 80% der Unternehmen in ASP-Lösungen, während in Europa insbesondere kleine und mittelständische Firmen installierte Software-lösungen anwenden. Daher wird der große Durchbruch in Europa erst 2001 erwartet. Laut Mummert + Partner werden sich auf dem zukünftigen ASP-Markt zwei unterschiedliche Anbietertypen bilden: Einerseits die großen Internet Provider, die Gesamtlösungen anbieten, und andererseits kleinere Unternehmen, die sich auf die Nischenmärkte spezialisieren. [47]

Die Anwendung einer ASP-Lösung zeigt sich vor allem in den Bereichen Fertigungsindustrie, Handel, Pharmaindustrie und Gesundheitswesen. Künftig werden diese ASP-Angebote aber auch im Finanzdienstleistungsbereich der Banken und Versicherungen sowie bei den Serviceleistungen der Tourismus- und Transportindustrie angewendet

---

[47] www.ecin.de/news/2000/10/11/00551

werden.[48]

2.4 Direkter Zugang

Für Firmen gibt es auch die Möglichkeit sich einen direkten Zugang zum Internet über einen eigenen Server zu verschaffen. Dabei sind die Kosten für die erforderliche Hard- und Software und das qualifizierte Personal ziemlich hoch. Außerdem ist eine Telekommunikationsverbindung notwendig, d.h. das Unternehmen muss über eine Standleitung die Verbindung zum Netz herstellen. Die Kosten für diese Zugangsalternative sind sehr hoch, sodass ein Betrag von mehreren 100.000 DM schnell erreicht wird. Diese Lösung ist deswegen nur für größere Unternehmen mit eigenem Rechenzentrum rentabel. Eine weitere Anwendergruppe bilden die Internet Service Provider und Applikation Service Provider. Der direkte Zugang bietet aber auch neben den gewaltigen Kosten und Aufwendungen den Vorteil einer schnellen Verbindung und die Möglichkeit ständig online zu sein. Die Firmen, die über einen eigenen Zugang verfügen über eine große Kapazität und sie sind nicht von anderen Anbietern und deren Service abhängig. Aus Kosten- und Aufwandsgründen ist deshalb ein eigener Netzzugang für kleine und mittlere Unternehmen nicht interessant. Deshalb soll im weiteren nicht weiter darauf eingegangen werden. [49]

Im wssenschaftlichen Bereich gibt es z.B. den „Verein zur Förderung des Deutschen Forschungsnetzes„, der das Wissenschaftsnetz (WIN) betreibt. Dieses Netz steht als Synonym für schnelle Datenübertragung, neue multimediale Anwendungen und weltweite Konnektivität. WIN hat zusagen einen direkten Zugang zum Internet, da dieses Netz selbst ein Teil des Internets ist. Somit ist diese Institution Teilnehmer des Internets.[50]

---

[48] www.asp4you.de/special/maerkte.html
[49] www.dfn.de/win/gwin/ueberblick/
[50] RRZN, Regionales Rchenzentrum für Niedersachsen, S.23

3. Kosten des Internetzugangs

3.1 Zugangskosten

Alternative Möglichkeiten des Internetzugangs, wie Online-Dienste, Service Provider oder ein direkter Zugang wurden bereits vorgestellt. Diese Anbieter haben unterschiedliche Dienstleistungen in ihrem Angebot, von denen jede ihre Vor- und Nachteile hat. Jedes Unternehmen wird individuelle Kosten-Nutzen-Analysen erarbeiten und als Folge unterschiedliche Zugangsalternativen mit den entsprechenden Kosten realisieren.

3.2 Nutzungskosten

Zu den fixen Zugangskosten, die unabhängig von der aktiven Nutzung erhoben werden, addieren sich die zeit- oder mengenabhängigen Übertragungs- oder auch Nutzungskosten, die unabhängig vom jeweils benutzten Internetdienst, wie WWW, E-Mail, News, Telnet, FTP und aFTP sind.

3.2.1 zeitabhängige Nutzungskosten

Ein Großteil der Internet Diensteanbieter, z.B. die Online-Dienste, berechnen die Nutzungskosten nach der jeweiligen Onlinezeit. In Rechnung gestellt wird jene Zeit, die man im Netz eingewählt ist, mit den entsprechenden Internet-by-Call-Tarifen. Die Provider unterscheiden sich auch in ihren Abrechnungseinheiten. Gängig sind sekundengenau, pro Minute, zwei oder drei Minuten Abrechnung. Je nach Provider und Preismodell kann auch noch eine monatliche Grundgebühr mit oder ohne Freistunden hinzu kommen und ein Verbindungsentgelt je Einwahl. Außerdem gibt es die Möglichkeit der FlatRate, d.h. monatlicher Pauschalbetrag ohne Minutenberechnung aber mindestens einmal täglicher Trennung, die nunmehr von den meisten Providern angeboten wird.

3.2.2 mengenabhängige Nutzungskosten

Vor allem die reinen Internetprovider rechnen ihre Nutzungskosten auf der Basis der übertragenen Datenmenge ab. Bei diesen volumenabhängigen Gebühren hängen die Preise für das Megabyte auch von der Menge ab. Wichtig ist aber, daß nicht nur abgehende Datenvolumina, sondern auch ankommende Datenmengen in die Abrechnung eingehen. Das ist unabhängig davon, ob man die Daten bestellt oder unaufgefordert bzw. versehentlich zugeschickt bekommt.[51] Der Vorteil gegenüber der zeitabhängigen Abrechnung ist vor allem die relative Unabhängigkeit von der aktuellen Übertragungsgeschwindigkeit.

3.3 Verbindungskosten

Die Verbindungskosten entstehen durch die physikalische Anbindung an das Internet. In den allermeisten Fällen geschieht es hierzulande über das öffentliche Telefonnetz. Direkte Netzwerkanbindungen an Internet Backbones gibt es nur in Forschungseinrichtungen und großen Behördennetzen.[52] Der Kunde trägt die vollen Kosten für die Verbindung über eine Stand- oder Wählleitung zum nächstgelegenen POP, Point of Presence oder ISC, Internet Service Center.

3.3.1 Standleitung

Zunächst zum Verbindungsaufbau über eine Standleitung. Darunter ist ein permanenter Internetzugang zu verstehen. Der Preis für eine Standleitung richtet sich je nach Transferrate und Datenvolumen.[53] Eine Standleitung

---

[51] http://www.schulen.hagen.de/IF/IN/node4.html
[52] Lindemann, Christoph; Internet Intern, S.29
[53] http://www.fh-friedberg.de/users/rodi/planet/node5.html

der Deutschen Telekom mit einer Bandbreite von nur 2 Megabit pro Sekunde kostet 1102 DM monatlich.[54]

3.3.2 Wählverbindung

Die bei der Wählverbindung anfallenden Kosten richten sich nach dem Tarifbereich, in dem der Einwahlpunkt des eigenen Netzzugangs liegt und der zeitlichen Nutzungsdauer der Verbindung. Zum Aufbau einer Wählverbindung existieren wiederum mehrere Möglichkeiten, wie das Modem, ISDN oder DSL.

3.3.2.1 Das Modem

Ein Modem schafft einen Zugang zum Internet über analoge Verbindungen. Dabei werden die digitalen Computerdaten in analoge Telefonsignale umgewandelt.[55] Man unterscheidet zwischen externen, internen und PCMCIA-Modems.[56] Datenübertragungsraten mit 56 Kbitps sind heute Standard. 28,8 Kbitps- oder 33,6 Kbitps- Modems wären zunächst billigere Alternativen, wobei die längeren Ladezeiten aber auch höhere Telefonkosten bedeuten.

Wer das Internet jedoch ernsthaft benutzen will, sollte auf jeden Fall einen ISDN-Anschluß gegenüber einem Modem vorziehen.

3.3.2.2 ISDN

ISDN steht für Integrated Services Digital Network. Hier existieren zwei B-Kanäle, über die unabhängig voneinander telefoniert oder Daten übertragen werden können, und das voll digital mit einer Geschwindigkeit von 64Kbps pro Kanal. Hierbei gibt es keine Modulation auf ein Tonsignal, sondern eine echte digitale Datenübertragung ohne Verluste durch Fehlerkorrektur bei schlechter Leitungsqualität. Mit Kanalbündelung kann

---

[54] http://www.wiwo.de/Wi...CDA/0,1702,11070_10593,00.html
[55] Kent, Peter; Das ABC der eigenen Website; S.50

39

die Datenübertragungsmenge auf 128 Kbps verdoppelt werden. Allerdings fallen dann auch die doppelten Gebühren an, da beide Kanäle verwendet werden.[57]

Um ISDN für den Internetzugang nutzen zu können sind folgende drei Dinge notwendig: Beantragung und Installation des ISDN-Zugangs bei der Telekom-Zweigstelle. Außerdem eine ISDN-Karte für den PC (Kosten ca. 80 DM) und Software, die diese Karte unter dem eingesetzten Betriebssystem ansteuert.[58] Die Basisinstallation kostet ca. 200 DM und die monatlichen Gebühren betragen ca. 45 DM anstelle der regulären Grundgebühr plus reguläre Telefonkosten wie beim Modem.

Als Alternative zu eingebauten passiven, aktiven oder semiaktiven ISDN-Karten gewinnen externe ISDN-Adapter, erhältlich in den Bauformen intern, extern, PCMCIA immer mehr an Bedeutung. Sie sind zwar mit knapp 500 DM teurer als ISDN Karten, dafür aber an allen Betriebssystemen wie ein Modem an der Schnittstelle des PC einsetzbar.[59]

3.3.2.3 DSL

Neue Dienste wie Global Learning, Videoconferencing, Business TV, Teleworking, usw. fordern immer höhere Übertragungsgeschwindigkeiten, die die herkömmlichen Leitungen nicht leisten können. Die verschiedenen DSL-Techniken (Digital Subscriber Line) sollen zur digitalen high-speed Datenübertragung genutzt werden. Dabei wird das gewöhnliche Telefonkabel auf Kupfer in Anspruch genommen, wobei der normale Telefondienst unbeeinflußt bleibt.[60] Die verschiedenen Varianten, ADSL, HDSL, SDSL und VDSL unterscheiden sich in Bezug auf Datenübertragungsgeschwindigkeit, überbrückbare Distanz und Symmetrie des Datenverkehrs voneinander.[61]

ADSL - Asymmetrisch deshalb, weil die Übertragungsrate zum Provider

---

[56] Lindemann, Christoph; Internet Intern, S.29
[57] Lindemann, Christoph; Internet Intern, S.31
[58] RRZN; Internet, S.184
[59] RRZN; Internet, S.184
[60] RRZN; Internet, S.166

größer ist als umgekehrt. Der größte Anbieter von ADSL-Anschlüssen in Deutschland ist die Deutsche Telekom. Obwohl es technisch nicht notwendig ist, ist T-DSL nur im Zusammenhang mit einem ISDN-Anschluß zu haben - aus Marketing-Gründen, wie die Telekom selbst zugibt.[62] Die Übertragungsgeschwindigkeiten betragen downstream, vom Internet zum eigenen PC 768 Kbitps und 128 Kbitps upstream, vom eigenen PC ins Internet.[63] Bei T-DSL wird auf die variablen ISDN-Tarife ein monatlicher Mehrpreis von 9,90 DM aufgeschlagen.[64]

SDSL gehört zu den symmetrischen Verfahren. Der Datentransfer ist hier vom und zum Kunden gleich schnell.[65] Besonders geeignet ist das Angebot beispielsweise für Graphiker oder Werbeagenturen, die große Datenmengen verschicken, aber auch für Videokonferenzen oder Business-TV.

3.3.2.3 Zukunftsweisende Übertragungstechnologien

Auch bei ADSL sind die Kapazitätsgrenzen bald erreicht, sodass sich die großen Telekommunikationsgesellschaften Gedanken über ganz neue Übertragungstechnologien machen.

Mit einem **Breitbandkabelanschluß**[66] über das vorhandene Kabelfernsehen und den entsprechenden Modems lassen sich downstream zwar sehr hohe Datenraten mit bis zu 40 Mbitps realisieren. Das Problem liegt im fehlenden Rückkanal des deutschen Kabelnetzes.

Das **Stomnetz** mit seiner Power Line Technologie[67] befinden sich im Frühstadium der Entwicklung.

Der Internetzugang über **Satellit**[68] bietet deutlich höhere Übertragungsraten als jegliche terrische Kabelverbindung mit einer Übertragungsrate von bis zu 2 Mbitps. Die Daten auf Satellitenstrecken werden in der Regel jedoch nur in eine Richtung ausgestrahlt.

---

[61] Lindemann, Christoph; Internt Intern, S.35
[62] http://www.wiwo.de/Wi...CDA/0,1702,11070_10592,00.html
[63] vgl. Deutsche Telekom, Der Katalog, Herbst/Winter 2000/2001, S.32
[64] vgl. Deutsche Telekom, Der Katalog, Herbst/Winter 2000/2001, S.34
[65] http://www.wiwo.de/Wi...CDA/0,1702,11070_10592,00.html
[66] Lindemann, Christoph; Internet Intern, S.37
[67] Lindemann, Christoph; Internt Intern, S.37

Im **Mobilfunk**[69] mit UMTS, Universal Mobile Communication System können Datenraten mit bis zu 364 Kbitps und im stationären Betrieb bis zu 2 Mbitps erreicht werden.

Im **Richtfunk**[70] ist das Point-to-Multipoint-Geschäft noch jung. Es gibt kaum Preislisten und die Angebote richten sich an Geschäftskunden. Ein deutsches Unternehmen bietet eine Übertragungsrate von bis zu 34 Mbitps. Die Kosten belaufen sich dabei auf 12.500 DM für einmalige Einrichtungskosten. Monatlich werden noch einmal knapp 5.500 DM fällig.

4. Kosten der Firmenpräsentation

Will das Unternehmen eigene Inhalte im Netz präsentieren, so ergeben sich die im folgenden ausgeführten Kostenfelder.

4.1 Serverwahl und Kosten

Eine Unternehmenspräsentation muss auf einem dafür eingerichteten Computer, dem sogenannten Server oder Host gespeichert werden, der mit dem Internet permanent verbunden ist. Wohin soll die Website gestellt werden? Dafür gibt es mehrere Möglichkeiten:

4.1.1 Serverplatz bei einem Online-Dienst

Der wohl entscheidenste, möglicherweise auch einzige Vorteil dieser Lösung liegt darin, daß es billig ist. Ansonsten wirkt diese Lösung unprofessionell und wenig vertrauenserweckend. Webseiten sehen häufig nach einer schnellen und einfachen Produktion aus und man hat nur beschränkte Möglichkeiten. Beispielsweise sind Online-Bestellungen über einen sicheren Server nicht möglich und CGI-Skripte können nicht verwendet werden. Weiterhin ist die geringe Verfügbarkeit an Speicherplatz und die langsame Geschwindigkeit ein Problem. Eine hohe

---

[68] Lindemann, Christoph; Internet Intern, S.38
[69] Lindemann, Christoph; Internet Intern, S.38

Anzahl an Abrufen ist hier nicht möglich. Ein entscheidender Nachteil ist außerdem, daß Online-Dienste keine eigenen Domain-Namen zur Verfügung stellen, sondern man ist nur unter einer fest zugewiesenen, meist leider recht langen Adresse im WWW verfügbar. Sollten die Möglichkeiten bei einem Online-Dienst dem Unternehmen nicht mehr genügen kann die URL bei einem Providerwechsel nicht beibehalten werden. Dadurch fallen Kosten für den Neudruck von Visitenkarten, Briefpapier, Anzeigen usw. an. Außerdem müssen die Kunden informiert werden, daß sich die URL geändert hat.

4.1.2 Kostenloser Speicherplatz auf Webseiten

Es gibt Webseiten, die kostenlos Speicherplatz für eine Website zur Verfügung stellen.[71] Der Vorteil liegt natürlich darin, daß es nichts kostet, aber man kann dafür auch keine Spitzenleistung verlangen. Auch hier ist die URL nicht Eigentum. Ein Beispiel hierfür ist unter www.freehomepage.com zu sehen.

4.1.3 Virtuelles Einkaufszentrum

Eine Website kann in einem virtuellen Einkaufszentrum im WWW eingerichtet werden.[72] Auf so einer Website sitzen dann alle möglichen Geschäfte auf einem Haufen. Ein Beispiel hierzu ist unter www.shoppingdirect.com zu finden. Das Einkaufszentrum übernimmt zwar die Einrichtung der Website, für Vermarktung und Werbung z.B. in Newsgruppen, Mailinglisten oder Suchmaschinen muss jedoch selbst gesorgt werden. Auch hier kann man die URL bei einem Wechsel nicht mitnehmen.

Diese Alternative sollte man wirklich nur eingehen, wenn man sicher sein kann, daß das Einkauftszentrum gute Arbeit zu einem vernünftigen Preis

---

[70] http://www.wiwo.de/Wi...CDA/0,1702,11070_10593,00.html
[71] Kent, Peter; Das ABC der eigenen Website, S.74
[72] Kent, Peter; Das ABC der eigenen Website, S.75-78

leistet. Ein Kostenbeispiel wären ca. $395 für das Einrichten und zuzüglich $ 50 oder 5% des Gewinns pro Monat.

4.1.4 Web-Laden

Ein Laden[73] im WWW ist eigentlich das Gleiche wie ein virtuelles Einkaufszentrum. Anstelle aber ein Laden unter vielen zu sein, repräsentieren die eigenen Webseiten eine Gruppe von Produkten in einem Geschäft. In einem solchen Laden ist man Anbieter unter vielen, und auch hier verliert man bei einem Wechsel die URL. Sollte man sich für diese Alternative entscheiden gilt auch hier Preise vergleichen.

4.1.5 Serverhosting bei einem ISP

Hier ist im Gegensatz zu den vorhergehenden Alternativen bereits ein eigener Domain-Name möglich. Außerdem bekommt man mehrere verschiedene E-Mail-Adressen für verschiedene Mitarbeiter oder Zwecke, sowie andere diverse Leistungen.

Vorteile[74] eines ISP liegen darin, daß von außen, im Netz nicht feststellbar ist, ob das Unternehmen einen eigenen Server einsetzt oder von einem Provider aus agiert. Das vermittelt einen professionellen Eindruck. Man braucht sich nicht um Wartung und Betrieb der Computer-Hard- und Software kümmern. In regelmäßigen Abständen erhält man eine Statistik darüber, welche Rechner wann wie oft auf welche Seiten des Unternehmens zugegriffen haben. Diese Statistik gibt Aufschluß über das Nutzungsverhalten der Gäste, so daß neue Optimierungen stattfinden können.

Der Nachteil des Serverhostings bei einem ISP liegt in der Aufteilung der Ressourcen wie z.B. Rechenleistung oder Leistungsgeschwindigkeit des Providers mit seinen anderen Internet-Anbietern. Eigene Programme können hier nur begrenzt eingesetzt werden.

---

[73] Kent, Peter; Das ABC der eigenen Website; S.78ff
[74] http://www.brevis.de/bre_neu/internet4.htm

Die Kosten beziehen sich auf eine Einmalgebühr für die Anmeldung und Einrichtung der Homepage und E-Mail-Adressen, eine Jahresgebühr für regelmäßige Dienste, wie die Gebühren an die DENIC für die Domain und die monatliche Grundgebühr, die häufig aus festen und variablen Teilen besteht.

Die Kosten sind von Provider zu Provider recht unterschiedlich. Sie sind abhängig von Dienstleistungsangebot, von der eingesetzten Hard- und Software und der Art der Leitungsanbindung ans Internet.

4.1.6 dedizierter Internetserver

Ein Internetserver kann gekauft oder gemietet werden. Das bringt sehr hohe Kosten mit sich, allerdings ist dann aber auch unbeschränkte Kapazität gewährleistet. Bezüglich der räumlichen Positionierung eines gemieteten oder gekauften dedizierten Webservers gibt es zwei Möglichkeiten:

Dieser kann in den Räumen des ISP betrieben werden und dort direkt oder über ein lokales Netz an das Internet angeschlossen werden. Die anfallenden Kosten[75] für diese Entscheidung sind neben den einigen tausend DM für Hard- und Software (5.000 DM bis 15.000DM), möglicherweise einige tausend DM für die Installation, Konfiguration und Wartung des Webservers. Außerdem fallen Kosten für die Dienstleistungen des ISP an.

Den Vorteil, den man aus dieser Lösung zieht, liegt darin, dass der volle alleinige Zugriff auf den Server möglich ist und so auch beliebige Programme abgelaufen werden lassen können. Lediglich die Leitungsanbindung muss mit den anderen Kunden des Providers geteilt werden.

Die andere Möglichkeit wäre, den Webserver im eigenen Unternehmen zu betreiben. Voraussetzung für diese Realisierung ist eine Verbindung mit dem ISP über eine Standleitung. Nachteil sind hier die Kosten. Zu den obengenannten Zahlen addieren sich hier noch Gebühren für die

---

[75] http://www.brevis.de/bre_neu/internet4.htm

Leitungsanbindung zum Internet-Provider. Diese belaufen sich je nach Nutzungsart und -dauer und so werden an den Provider und an die Telekom monatlich einige Hundert bis einige Tausend Mark fällig werden.[76]

Dafür hat man dann Direktzugriff auf alle Daten und Anwendungen und alle Möglichkeiten stehen offen. Das Internet-Angebot kann mit dem unternehmensinternen kaufmännischen Programm gekoppelt werden, so daß die Kunden bei ihren Bestellungen auch gleich über Lagerbestände, Lieferzeiten etc. informiert werden. Die gesamten Anwendungen können so über das Internet verfügbar gemacht werden, mit allen aktuellen Daten. Eigene FTP-Server und Newsgruppen können eingerichtet werden. Oder der Server gleichzeitig für eine interne Vernetzung mit der Internet-Technologie, Intranet.

4.2 Domain

Zur weltweit eindeutigen Identifizierung besitzt jeder über das Internet erreichbare Rechner eine numerische Adresse, die so genannte IP-Adresse. Analog zu diesem Nummern-Schema gibt es ebenfalls eine weltweit eindeutige logische Namensstruktur.[77] Das DNS, Domain-Name-System gestattet es, anstatt der numerischen die symbolische Adresse zu verwenden. Dieser Domainname ist nicht zur aussagekräftiger und einprägsamer, sondern hat auch den Vorteil, bei der Verlagerung des Serverprogramms auf einen anderen Rechner nicht geändert werden zu müssen.[78] Damit diese Adressen eindeutig sind, sorgt das Network-Information-Center (NIC) des Data Defense Networks (DDN) in den USA in Zusammenarbeit mit den NICs der jeweiligen Länder für eine eindeutige Adressvergabe.[79] Der de-Domain-Name kann bei der DENIC (Deutsches Network Information Center), der zentralen deutschen Registrierstelle registriert werden.[80] Com-, net- und org-Domains werden bei der InterNIC

---

[76] http://www.brevis.de/bre_neu/internet4.htm
[77] RRZN; Internet, S.36
[78] vgl. http://www.elctronic-commerce...k/voraussetzungen/insnetz.html
[79] RRZN; Internt, S.38
[80] http://www.electronic-commerce...k/voraussetzungen/insnetz.html

registriert.[81] Diese Aufgabe kann vom gewählten ISP übernommen werden. Alternativ kann die gewählte Domain auch selbst direkt bei der DENIC registriert werden. Allerdings ist darauf hinzuweisen, dass die Registrierung über den ISP deutlich billiger sein kann, als die Nutzung von DENIC direkt.[82] Bei der DENIC beträgt der Preis für die Domainregistrierung einschließlich der Pflege für ein Jahr 116 Euro. Für jedes weitere Jahr werden Kosten für die Pflege in Höhe von 58 Euro erhoben.[83] Im Gegensatz dazu verlangt der Provider NET Connection für eine de-Domain eine Registrierungsgebühr von 23,14 Euro, dieselbe Summe wird für die jährlichen Kosten erhoben.[84]

Am 16. November hat die ICANN (Internet Corporation for Assigned Names and Numbers) neue Kürzel für Top-Level-Domains autorisiert.[85] Bisher beschränkte sich das allgemeine Angebot verfügbarer Domains auf die Endungen .com, .org, .net, .int, sowie .gov, .edu, .mil und die nationalen Endungen. Künftig wird es zusätzlich zu den bestehenden Endungen .name für Privatpersonen, .prof für bestimmte Berufsgruppen, .biz für die Geschäftswelt und .aero für Fluggesellschaften, Flughäfen und Reiseveranstalter geben. Weiter können sich Museen schon bald unter .museum virtuell präsentieren und Informationsanbieter sowie genossenschaftlich organisierte Unternehmen und Organisationen haben die Möglichkeit mit .info bzw. .coop ins Netz zu gehen.[86]

Inhaber von Internetpräsenzen werden nun neue Domain-Strategien[87] entwickeln müssen. Im ersten Schritt werden diese Strategien bei einem typischen Global 2000 Unternehmen mit rund US $70.000 zu buche schlagen. Nach Schätzungen kommen dann jährlich noch einmal US $20.000 an Kosten auf die Unternehmen zu, denn wenigstens im Zweijahres-Rhythmus ist ein Update der Domain-Strategie erforderlich.

---

[81] vgl. www.net-con.net/preise/domains.htm
[82] http://www.denic.de/DENICdb/domainreg/index.html
[83] http://www.denic.de/DENICdb/do...eg/DENICdirekt/preisliste.html
[84] http://www.net-con.net/preise/domains/htm
[85] http://www.electronic-commerce...ws/2000/11/21/01127.html
[86] http://www.ecin.de/news/2000/11/17/01108.html
[87] http://www.electronic-commerce...ws/2000/11/21/01127.html

4.3 Seitenerstellung

Das Unternehmen kann diese Aufgabe selbst in die Hand nehmen. Eine Möglichkeit bietet sich durch die Benutzung eines einfachen Tools, das vom Webhost zur Verfügung gestellt wird. Das sind Programme, die auf der Seite von Webhosting-Firmen bereitgestellt werden und mit denen die Webseiten erstellt werden können. Dabei macht man alle möglichen Angaben in einem Formular, aus dem dann die Website automatisch generiert wird.[88] Häufig stellen Online-Dienste und virtuelle Einkaufszentren diese Tools zur Verfügung. Diese Möglichkeit der Seitenerstellung erweist sich als sehr billig, allerdings handelt es sich normalerweise nur um einfache, unflexible Seiten.

Das Unternehmen kann die Seiten auch selbst mit HTML oder HTML-Editor Programmen erstellen, wenn qualifiziertes Personal und die erforderliche Technik zur Verfügung steht.

Die Tätigkeit kann auch extern vergeben werden, nämlich an den Webhost oder eine andere Firma, die sich auf Webdesign und Erstellung von Websites spezialisiert hat. Um der Internetpräsenz ein qualitativ hochwertiges Design zu verleihen, sollte die Erstellung der Seiten von einem Fachmann vorgenommen werden. Eine grundsätzlich Herausforderung der Internet-Seiten-Gestaltung ist nämlich die Anforderung so wenig Speicher- und Übertragungskapazität wie möglich zu beanspruchen. Denn nur so kann die schnelle Übertragung der Seiten dem Internet-Benutzer gewährleistet werden.[89]

Bei der Fremdvergabe ist es sinnvoll, sich detaillierte Angebote vorlegen zu lassen, da Leistung und Preise stark voneinander abweichen können. Die Berechnung erfolgt nach Aufwand und der inhaltlichen Gestaltung. Üblicherweise wird entweder pro Arbeitsstunde oder nach Seitenanzahl abgerechnet.

Beauftragt man eine 15-20köpfige Gruppe aus einer Multimedia-Agentur mit Planung und Realisierung muß man mit Kosten von ca. 24.000 DM pro Tag rechnen. Die komplette Erstellung erstreckt sich je nach

---

[88] Kent, Peter; Das ABC der eigenen Website; S.170
[89] http://www.kauf.de/agentur/infoi.htm

Projektgröße über 2-3 Wochen.

4.4 Seitenpflege

Das Internet ist ein dynamisches Medium und lebt von der Bewegung. Wichtig sind Orginalität und Aktualität. Somit kommt der Pflege der aktuellen Seiteninhalte eine große Bedeutung zu. Die Branche, in der das Unternehmen agiert, bestimmt wie oft eine Aktualisierung erfolgen sollte. Jede Website muß spätestens alle drei Monate erweitert, ergänzt oder aktualisiert werden.[90]

Beim klassischen Webpublishing fallen alleine 90% der Kosten für die Wartung und Pflege der Website an, nur 10% auf die Entwicklung und Realisation.[91]

4.5 Personalkosten

Sollen alle Internetaktivitäten im Unternehmen selbst durchgeführt werden ist qualifiziertes Personal erforderlich. Auch wenn dieses Personal bereits vorhanden ist, werden die neuen Aufgaben einen Großteil der bisher für andere Tätigkeiten aufgewendeten Zeit beanspruchen. Je nach Unternehmensgröße und geplantem Umfang der Internetnutzung fallen für Web-Master, Web-Layouter etc. Mehrkosten an. Für kleinere Unternehmen ist deshalb ein Outsourcing dieser Aufgaben in den meisten Fällen die sinnvollste Lösung.

Neben den direkten Personalkosten, sind die indirekten Personalkosten genauer zu betrachten. Das beste negative Beispiel sind die potentiellen Milliardenverluste, 104 Milliarden DM durch privates Surfen am Arbeitsplatz.[92]

Bei all diesen diversen und immensen Kosten resultiert schließlich die Frage, welchen Nutzen man dann eigentlich aus dem Internetzugang und einer Internetpräsenz zieht.

---

[90] http://www.grafein.de/tech1/tprov02.htm
[91] http://www.webagency.de/infopo...twissen/content-management.htm

4.6 Nutzen des Internetzugangs und der Internetpräsenz

Zunächst zum Internetzugang. Wie bereits erwähnt führt das Internet zum arbeitsfremden Zeitvertreib mit hohen Verlusten. Doch das Thema ist wesentlich komplexer. Akzeptanz neuer Techniken und der innovative und konstruktive Umgang damit bieten für Unternehmen einen großen Vorteil in einer Kommunikations- und Informationsgesellschaft. In der modernen IT-Arbeitswelt verschwimmen die Grenzen zwischen privaten und persönlichen Bedürfnissen. So fand jetzt eine Studie von Andersen Consulting heraus,[93] daß Arbeitnehmer auch während ihrer freien Zeit sowie längeren Ferienaufenthalte durch die neuen Medien für ihr Team verfügbar bleiben.

Unternehmen ziehen daraus Konsequenzen. Bei Siemens[94] sollen nun alle 440.000 Mitarbeiter großzügig mit einem Internetanschluß ausgestattet werden. General Motors und Daimler Chrysler, ermöglichen ihren amerikanischen Mitarbeitern einen kostengünstigen Zugang zum Internet.[95]

Nun zu den betrieblichen Nutzeneffekten der Internetpräsenz nach einer Studie der Europa-Universität, Viadrina.[96]

Auf wettbewerbsrelevante Wirkungen hin haben sich folgende Schwerpunkte ergeben. Das Image und der Kundenservice wurden verbessert. Außerdem konnte man auf Kundenwünsche schneller reagieren.

Marktorientierte Wirkungen aus dem Web-Auftritt werden in der Gewinnung von neuen Geschäftspartnern, der Differenzierung im Wettbewerb und in der Erschließung neuer Märkte gesehen.

Die Kosten- und Rationalisierungseffekte liegen in der Einsparung von Papier als Datenträger, in der Vereinfachung von Abläufen und in der

---

[92] http://www.electronic-commerce...ht/2000/09/06/00315.html
[93] http://www.electronic-commerce...ht/2000/09/06/00315.html
[94] Gloger, Ulrike; E-Mentalität gefragt; in MM Das Industriemagazin, S.3
[95] http://www.electronic-commerce...ws/2000/11/06/00192.html
[96] http://www.ham.nw.schule.de/flistkfmsch/marketing/4322.htm

Einsparung von Arbeitszeit.

Dem ist noch hinzuzufügen, daß das Medium Internet, ebenso wie die Technologie sehr schnell wächst. Zukünftig wird das Internet eine immer wichtigere Rolle spielen. Die gesammelten Erfahrungen und das Wissen können sich im Sinne der Erfahrungskurve als zukünftige Wettbewerbsvorteile auswirken.

5. Ausblick

Wenn man sich die Entwicklung des Internet ansieht, vor allem wie es das Netz der Netze in kurzer Zeit geschafft hat, sich, wie kein anderes Medium, zu verbreiten und die Gesellschaft zu durchdringen, könnte man meinen, die totale Vernetzung setzt ein. Der Mensch wird umgeben sein von Geräten, die ständig mit dem Internet verbunden sind. Gearbeitet wird mehr und mehr von zuhause aus oder von unterwegs. Der Zugang zum Internet ist in der ganzen Wohnung drahtlos verfügbar (Heimvernetzung). Um nicht von einem Arbeitsplatzrechner aus hantieren zu müssen, wird versucht, Bildschirmanwendungen auf passende Geräte zu übertragen. Da wäre z.B. die Mikrowelle mit Touchscreen oder der Kühlschrank, der andere Geräte ansteuern kann und Zugang zum Web und E-mail bietet. Im Wohnzimmer steht eine ganze Armada an Geräten mit Web-Zugang Gewehr bei Fuss. Die Konsole verbindet zum Netzspiel, der MP3-Player lädt die neuesten Songs, der Videorecorder erhält das aktuelle Fernsehprogramm online, und der Fernseher wird per Settop-Box zum Netzwerker. Die notwendige Technologie für eine umfassende Vernetzung ist längst vorhanden, allein es fehlen die durchgreifenden Anwendungen, die eine Verkabelung der Komponenten sinnvoll erscheinen lassen. Das Abrufen von Rezepten auf der Mikrowelle mutet wesentlich mühseliger an, als das Nachschlagen in einem Kochbuch, die Beantwortung von E-mails auf einem Kühlschrank-Touchscreen wird zum Abenteuer. Microsoft präsentierte jüngst gar eine neue Variante, nämlich den interaktiven Grill[97]. Der zeigt auf dem Fernseher an, ob das Grillgut bereits den Garpunkt erreicht hat.

Aber nicht nur in der Wohnung , sondern auch unterwegs soll der Mensch von derartigen „Nützlichkeiten„ gesegnet werden. In sogenannten „Wearables„ trägt man seine kleinen Mini-Computer an bzw. in seiner Kleidung. Als Möglichkeiten bieten sich derzeit Walkman oder Armbanduhren an. Demnächst werden Komponenten in Schuhen, Gürteln oder eingewoben in Jacken und Pullovern zu finden sein. Die Vernetzung der Komponenten ergibt quasi ein „PAN (= Personal Area Network)„. Die Energie wird in Zukunft aus der Laufbewegung des Trägers entnommen, wobei die wechselnden Druckverhältnisse im Ballenbereich eines Schuhs in Wärme und somit auch in Strom umgewandelt werden.

Über Sinn und Unsinn solcher Errungenschaften kann aber weiterhin diskutiert werden.

Literaturverzeichnis

Bode, Christoph: Grundlagen des ASP-Billing;
In: ASP-Magazin, Nr. 6/2000, S. 83f.

Deutsche Telekom; Der Katalog, Herbst/Winter 2000/2001

Dick, Andreas: Rundum-Sorglos-Paket oder Alptraum auf Raten?
In: ASP-Magazin, Nr. 6/2000, S. 41f.

FORIT, Internet Business Research: Application Service Providing-Software über das Internet

---

[97] http://www.heise.de/newsticker/data/mbb-12.09.00-000/

Gogler, Ulrike; E-Mentalität gefragt;
In: MM Das Industrie Magazin Nr.47, 20.November 2000

Hönicke, Nina; Vertrauen reicht nicht;
In: Computerwoche spezial; Heft 5/2000; S.54ff

Jäger, Peter/ Hönig, Jürgen: Sicherheit kritisch betrachtet;
In: ASP-Magazin, S. 45ff.

Kent, Peter; Das ABC der eigenen Website, München 1999

Kretschner, Viktoria: ASP takes off;
In: ASP-Magazin, S. 21f.

Kriebel, Vera; Provider: Wer wird Supportsieger?
In: e-commerce magazin; Heft 3/00; S.40ff

Kühn,Dieter: Soft- und Hardwarepflege als Dienstleistung.
In: MM Das Industrie Magazin, Nr. 47, 20. November 2000, S. 73

Lindemann, Christoph; Internet Intern, 2.Auflage, Düsseldorf 2000

Lochner Christian; Lehner Franz; Application Service Provider (ASP) und Internet
Service Provider (ISP) als Dienstleister für das E-Business; Forschungsbericht
Nr.47, 1. Auflage, November 2000

Frank Puscher; Keine Utopie; Magazin Internet World 11/2000 S.54

RRZN, Regionales Rechenzentrum für Niedersachsen; Internet, 7.Auflage,
Hannover 1999

www.ingramcontent.com/pod-product-compliance
Lightning Source LLC
La Vergne TN
LVHW092355060326
832902LV00008B/1040